AF187589

Impressum
Verlag: BABADADA GmbH, Nedderfeld 112 , 22529 Hamburg
Geschäftsführer / Verlagsleitung: Harald Hof
Druck: Books on Demand GmbH, In de Tarpen 42, 22848 Norderstedt

Imprint
Publisher: BABADADA GmbH, Nedderfeld 112 , 22529 Hamburg, Germany
Managing Director / Publishing direction: Harald Hof
Print: Books on Demand GmbH, In de Tarpen 42, 22848 Norderstedt, Germany

okul

школа

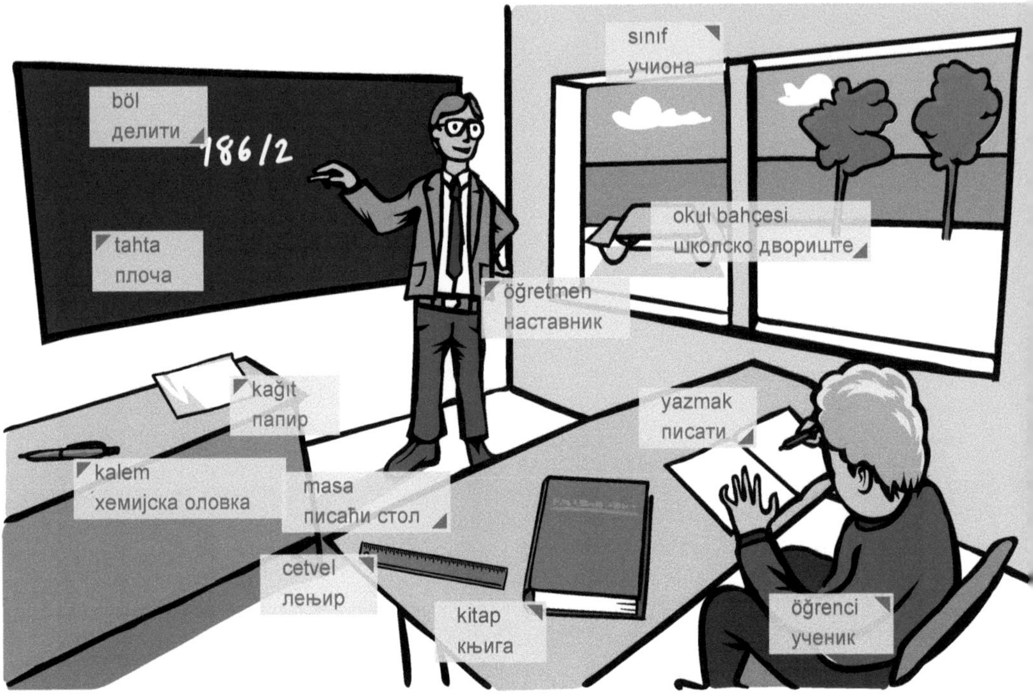
sınıf
учиона
böl
делити
186/2
tahta
плоча
okul bahçesi
школско двориште
öğretmen
наставник
kağıt
папир
yazmak
писати
kalem
хемијска оловка
masa
писаћи сто
cetvel
лењир
kitap
књига
öğrenci
ученик

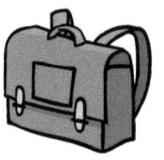

okul çantası

торба

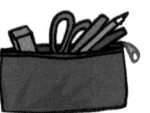

kalemlik

перница

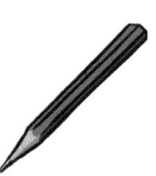

kurşun kalem

графитна оловка

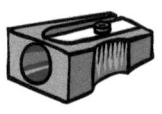

kalem açacağı

шиљило за оловке

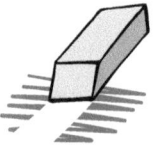

silgi

гумица за брисање

çizim defteri

блок за цртање

çizim
....
цртеж

resim fırçası
....
кист

boya kutusu
....
кутија са бојама

makas
....
маказе

tutkal
....
лепило

alıştırma kitabı
....
бележница

ödev
....
домаћи задатак

12

sayı
....
број

2+2

ekle
....
сабирати

5-2

çıkar
....
одузимати

2×2

çarp
....
множити

hesapla
....
рачунати

harf
....
слово

ABCDEFG
HIJKLMN
OPQRSTU
VWXYZ

alfabe
....
абецеда

hello

kelime
....
реч

metin

текст

okumak

читати

tebeşir

креда

ders

час

kayıt

дневник

sınav

испит

sertifika

сведочанство

okul forması

школска униформа

eğitim

образовање

ansiklopedi

лексикон

üniversite

универзитет

mikroskop

микроскоп

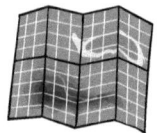

harita

карта

kağıt çöp kutusu

кошара за папир

seyahat
путовање

otel
хотел
Grand
pansiyon
преноћиште
ROOMS
EXCHANGE
döviz bürosu
мењачница
bavul
кофер
otomobil
ауто

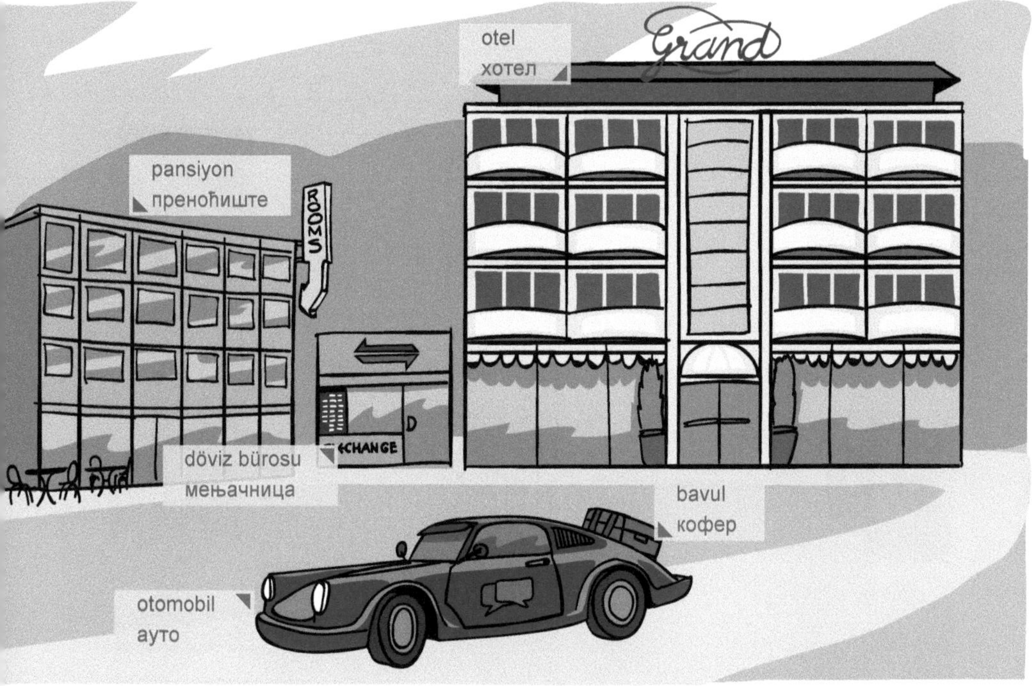

dil

језик

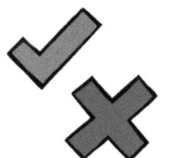

evet / hayır

да / не

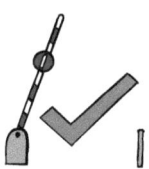

Tamam

океј

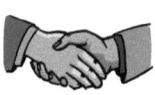

merhaba

здраво

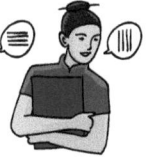

çevirmen

преводилац

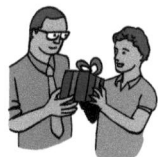

Teşekkür ederim

хвала

bu ... ne kadar?

Колико кошта...?

anlamadım

не разумем

problem

проблем

İyi akşamlar!

добро вече!

Günaydın!

Добро јутро!

İyi geceler!

Лаку ноћ!

güle güle

довиђења

yön

смер

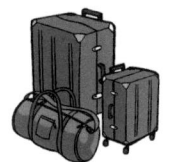

bagaj

пртљага

çanta

торба

sırt çantası

руксак

misafir

гост

oda

соба

uyku tulumu

врећа за спавање

çadır

шатор

turist danışma

туристичке информације

sahil

плажа

kredi kartı

кредитна картица

kahvaltı

доручак

öğle yemeği

ручак

akşam yemeği

вечера

Bilet

карта за вожњу

asansör

лифт

pul

поштанска маркица

sınır

граница

gümrük

царина

elçilik

амбасада

vize

виза

pasaport

пасош

ulaşım

транспорт

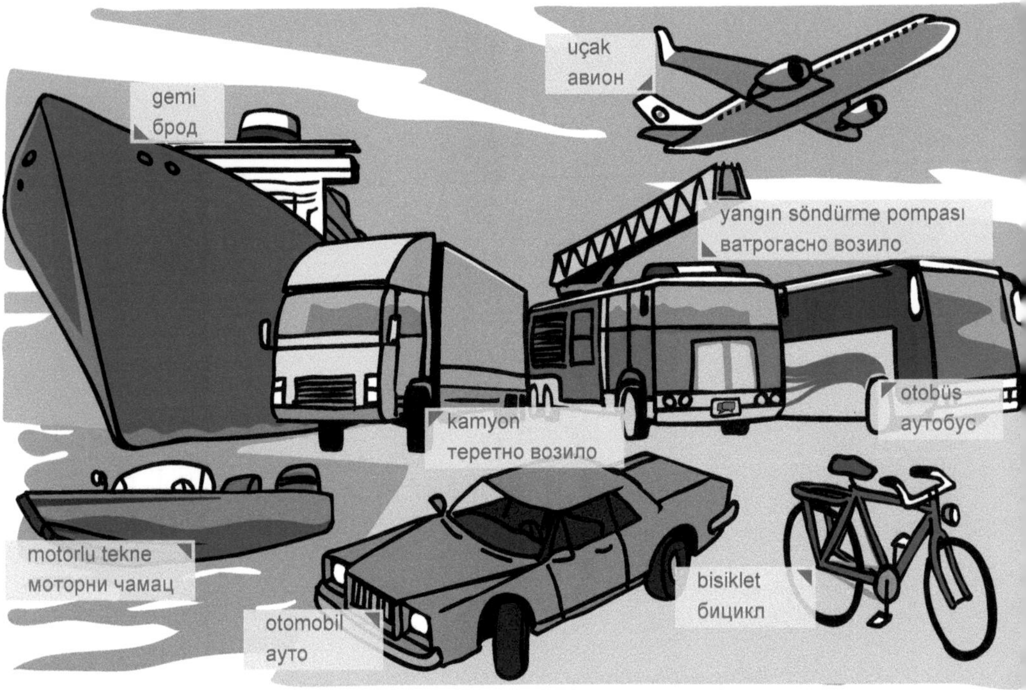

uçak
авион
gemi
брод
yangın söndürme pompası
ватрогасно возило
kamyon
теретно возило
otobüs
аутобус
motorlu tekne
моторни чамац
otomobil
ауто
bisiklet
бицикл

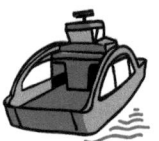

feribot

трајект

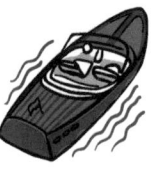

bot

чамац

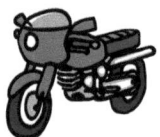

motosiklet

мотоцикл

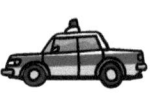

polis arabası

полицијски ауто

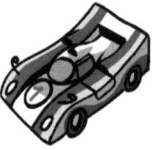

yarış arabası

тркаћи ауто

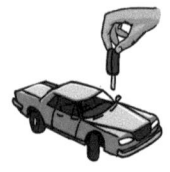

kiralık araba

изнајмљено ауто

ortak araba

делење аутомобила

çekici

вучно возило

çöp kamyonu

возило за одвоз смећа

motor

мотор

yakıt

бензин

benzinlik

бензинска станица

trafik işareti

саобраћајни знак

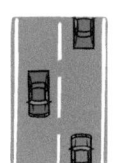

trafik

саобраћај

trafik sıkışıklığı

застој

otopark

паркиралиште

tren istasyonu

железничка станица

ray

шине

tren

воз

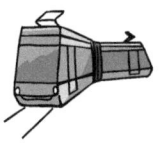

tramvay

трамвај

vagon

вагон

helikopter
хеликоптер

havaalanı
аеродром

kule
кула

yolcu
путник

konteyner
контејнер

koli
картон

yük arabası
колица

sepet
корпа

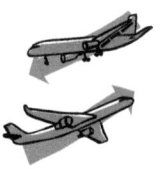

kalkış / iniş
узлетети / слетети

şehir

град

köy
село

şehir merkezi
центар града

ev
кућа

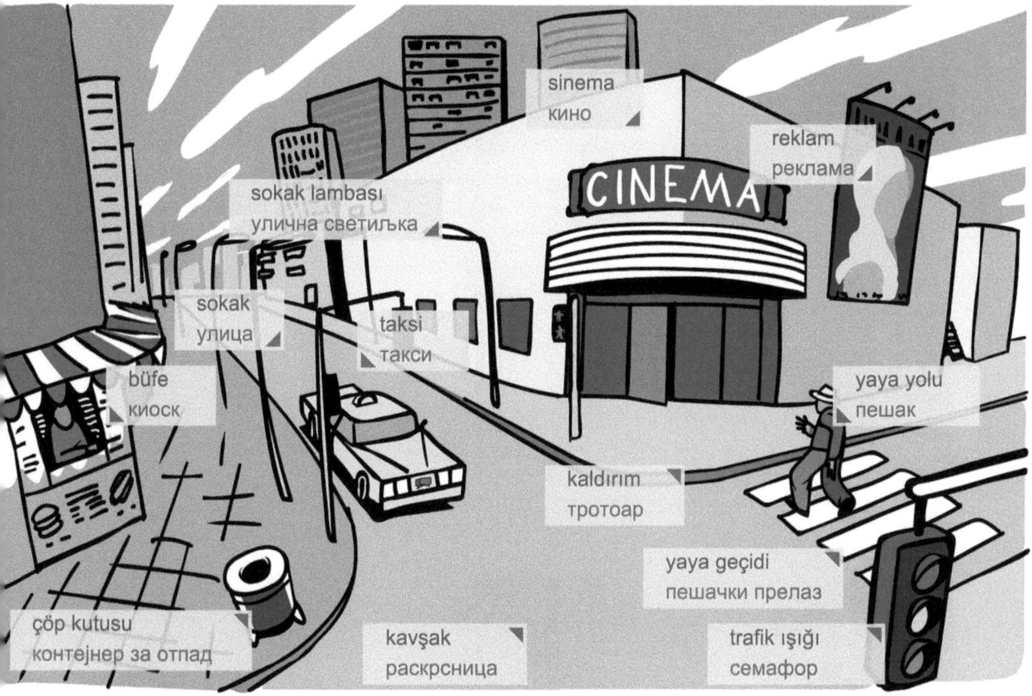

sinema
кино

reklam
реклама

sokak lambası
улична светиљка

CINEMA

sokak
улица

taksi
такси

büfe
киоск

yaya yolu
пешак

kaldırım
тротоар

yaya geçidi
пешачки прелаз

çöp kutusu
контејнер за отпад

kavşak
раскрсница

trafik ışığı
семафор

kulübe
колиба

apartman dairesi
стан

tren istasyonu
железничка станица

belediye binası
већница

müze
музеј

okul
школа

üniversite
универзитет

banka
банка

hastane
болница

otel
хотел

eczane
апотека

ofis
канцеларија

kitapçı
књижара

mağaza
продавница

çiçekçi
цвећара

süpermarket
супермаркет

market
трг

büyük mağaza
робна кућа

balık satıcısı
рибарница

alışveriş merkezi
трговачки центар

liman
лука

park

парк

bank

клупа

köprü

мост

merdiven

степенице

metro

подземна железница

tünel

тунел

otobüs durağı

аутобуска станица

bar

бар

restoran

ресторан

posta kutusu

поштанско сандуче

sokak tabelası

улични знак

otopark sayacı

паркирни аутомат

hayvanat bahçesi

зоолошки врт

yüzme havuzu

базен

cami

џамија

çiftlik

сеоско газдинство

kirlilik

загађење околине

mezarlık

гробље

kilise

црква

oyun alanı

игралиште

tapınak

храм

arazi

пејсаж

yaprak
лист

yön tabelası
путоказ

yol
пут

çayır
ливада

taş
камен

ağaç
дрво

yürüyüşçü
шетач

ırmak
река

çimen
трава

çiçek
цвет

vadi
долина

tepe
планина

göl
језеро

orman
шума

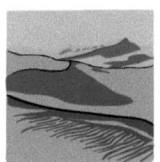

çöl
пустиња

volkan
вулкан

kale
дворац

gökkuşağı
дуга

mantar
гљива

palmiye
палма

sivrisinek
москито

sinek
мува

karınca
мрав

arı
пчела

örümcek
паук

böcek

буба

kurbağa

жаба

sincap

веверица

kirpi

јеж

yabani tavşan

зец

baykuş

сова

kuş

птица

kuğu

лабуд

yaban domuzu

дивља свиња

geyik

јелен

geyik

лос

baraj

насип

rüzgar türbini

ветрењача

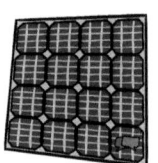

güneş paneli

соларна плоча

iklim

клима

restoran

ресторан

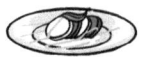

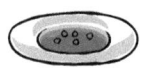

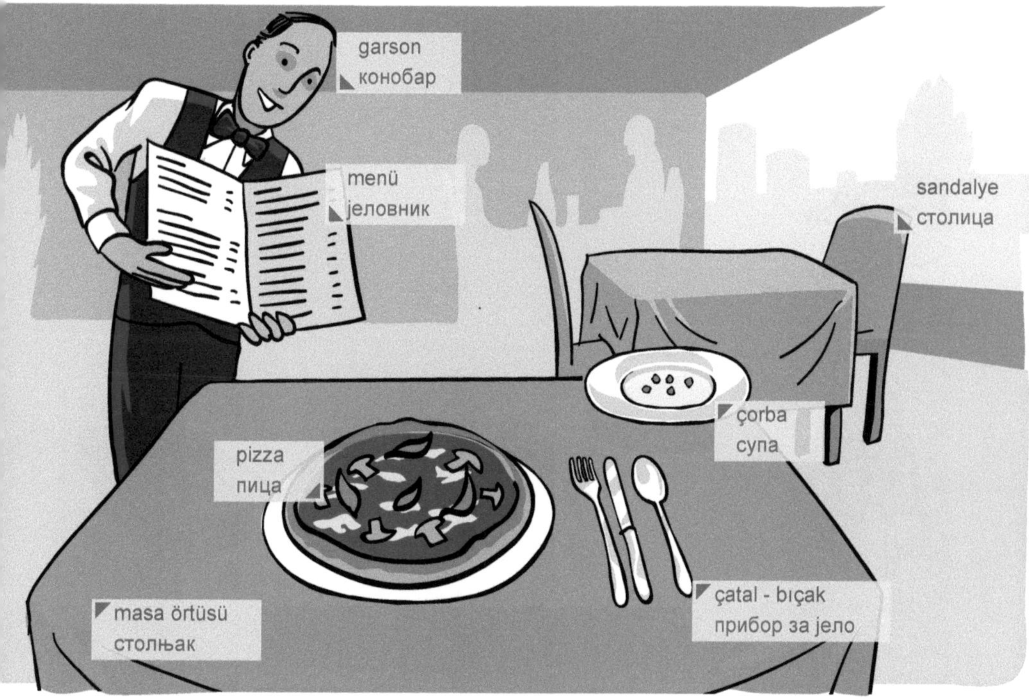
garson
конобар
menü
јеловник
sandalye
столица
çorba
супа
pizza
пица
masa örtüsü
столњак
çatal - bıçak
прибор за јело

başlangıç

предјело

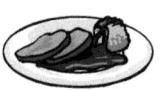

ana yemek

главно јело

tatlı

десерт

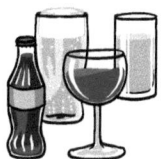

içecekler

напитци

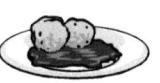

yemek

јело

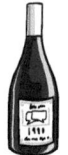

şişe

флаша

fastfood

брза храна

sokak yemeği

имбис храна

çaydanlık

чајник

şekerlik

доза за шећер

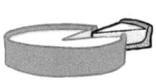

porsiyon

порција

espresso makinesi

апарат за еспресо

mama sandalyesi

висока столица

fatura

рачун

tepsi

послужавник

bıçak

нож

çatal

виљушка

kaşık

кашика

çay kaşığı

чајна кашика

servis peçetesi

салвета

bardak

чаша

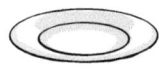

tabak

тањир

çorba kasesi

тањир за супу

fincan altlığı

тањирић

sos

сос

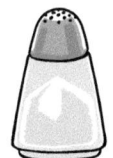

tuzluk

сољенка

karabiber değirmeni

млин за бибер

sirke

сирће

yağ

уље

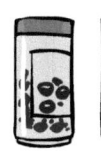

baharat

зачини

ketçap

кечап

hardal

сенф

mayonez

мајонеза

süpermarket

супермаркет

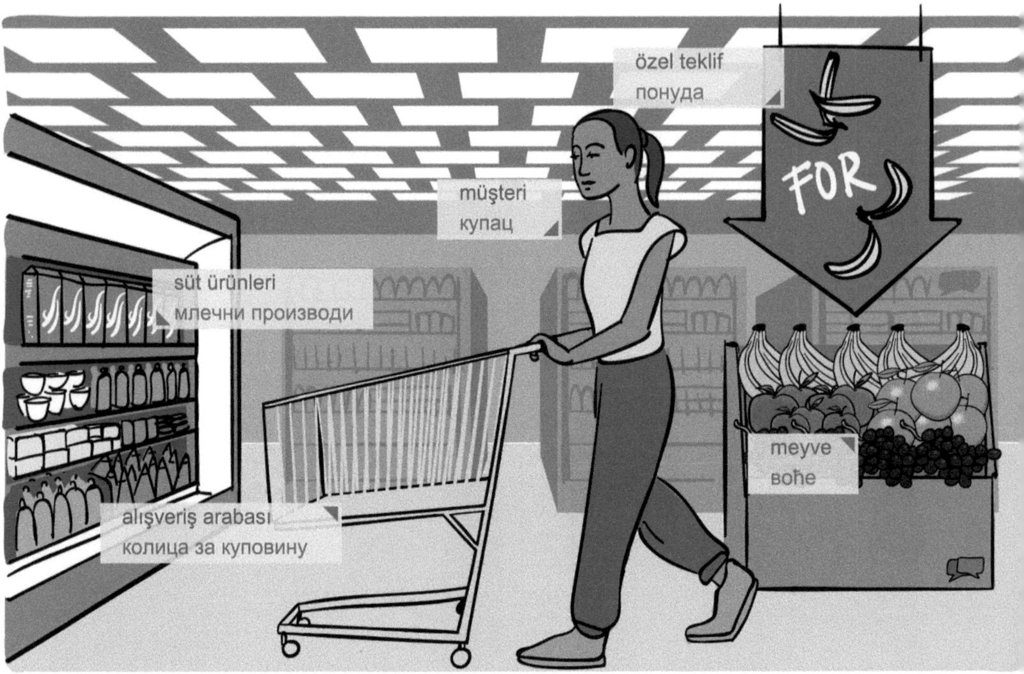
özel teklif
понуда
FOR
müşteri
купац
süt ürünleri
млечни производи
meyve
воће
alışveriş arabası
колица за куповину

BUTCHERS

kasap

месница

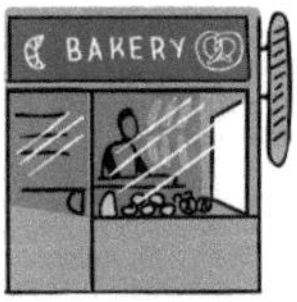
BAKERY

fırın

пекара

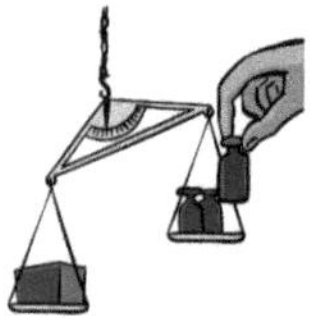

tartmak

вагати

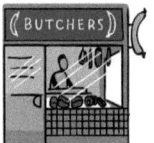

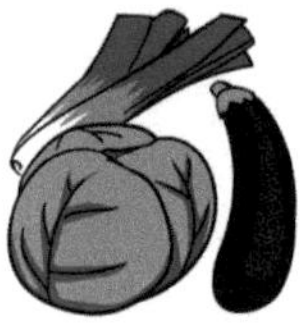

sebze

поврће

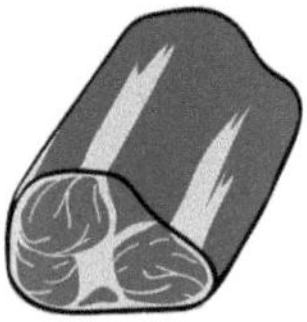

et

месо

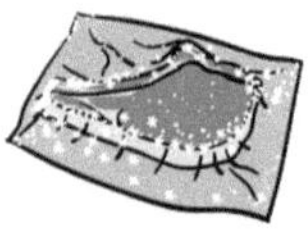

donmuş gıda

смрзнута храна

söğüş et

нарезак

konserve yiyecek

конзерве

toz deterjan

средство за прање

şekerlemeler

слаткиши

ev temizlik ürünleri

артикли за домаћинство

temizlik ürünleri

средства за чишћење

satış görevlisi

продавачица

yazar kasa

благајна

kasiyer

благајник

alışveriş listesi

листа за куповину

açılış saatleri

време рада

cüzdan

новчаник

kredi kartı

кредитна картица

çanta

торба

plastik poşet

пластична кеса

su

вода

meyve suyu

сок

süt

млеко

kola

кола

şarap

вино

bira

пиво

alkol

алкохол

kakao

какао

çay

чај

kahve

кава

espresso

еспресо

kapuçino

капућино

muz

банана

elma

јабука

portakal

наранџа

kavun

лубеница

limon

лимун

havuç

шаргарепа

sarımsak

бели лук

bambu

бамбус

soğan

лук

mantar

гљива

çerez

орашасти плодови

makarna

резанци

spagetti

шпагете

pirinç

рижа

salata

салата

cips

помфрит

patates kızartması

печени крумпир

pizza

пица

hamburger

хамбургер

sandviç

сендвич

şinitzel

шницла

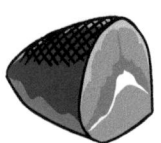

pastırma

шунка

salam

салама

sosis

кобасица

tavuk

кокош

rosto

печење

balık

риба

yulaf ezmesi

зобене пахуљице

müsli

мусли

mısır gevreği

кукурузне пахуљице

un

брашно

kruvasan

кроасан

küçük ekmek

пециво

ekmek

хлеб

tost

тоаст

bisküvi

кекси

tereyağı

маслац

kaymak

свежи сир

kek

колач

yumurta

jaje

sahanda yumurta

jaje на око

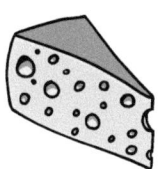

peynir

сир

dondurma

сладолед

şeker

шећер

bal

мед

reçel

мармелада

fındık ezmesi

нугат крема

köri

кари

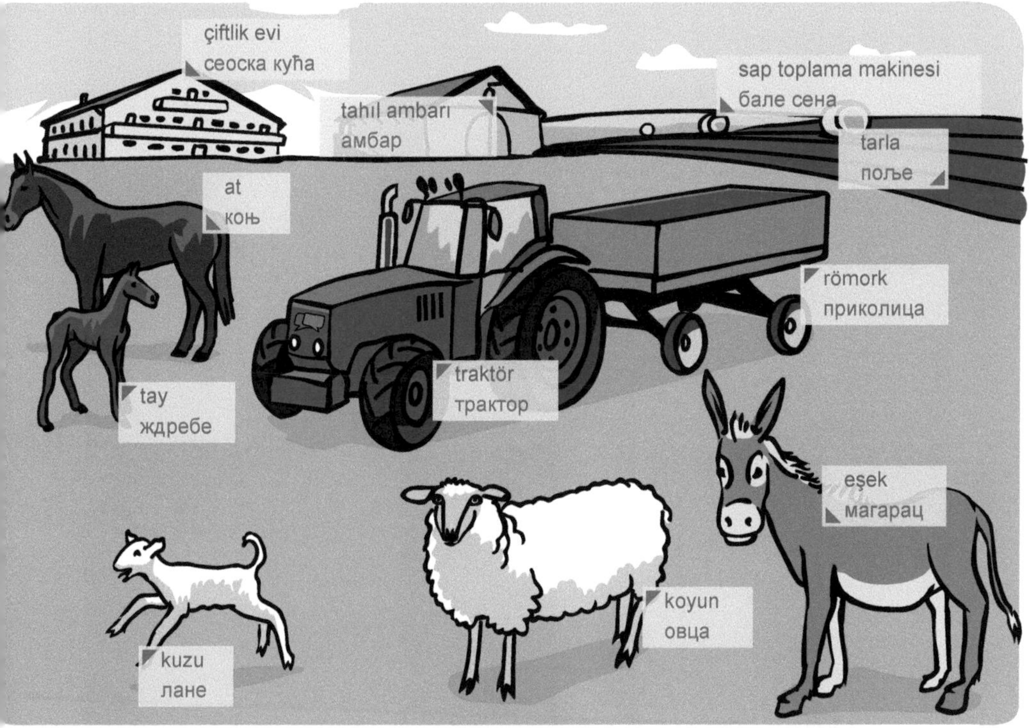

çiftlik evi
сеоска кућа

sap toplama makinesi
бале сена

tahıl ambarı
амбар

tarla
поље

at
коњ

römork
приколица

traktör
трактор

tay
ждребе

eşek
магарац

kuzu
лане

koyun
овца

keçi
коза

inek
крава

buzağı
теле

domuz
свиња

domuz yavrusu
прасе

boğa
бик

kaz

гуска

ördek

патка

civciv

пилићи

tavuk

кокош

horoz

петао

sıçan

пацов

kedi

мачка

fare

миш

öküz

вол

köpek

пас

köpek kulübesi

кућица за пса

bahçe hortumu

вртно црево

sulama kabı

канта за поливање

tırpan

коса

pulluk

плуг

çiftlik - сеоско газдинство

orak
срп

çapa
мотика

dirgen
виљушка за ђубриво

balta
секира

el arabası
тачке

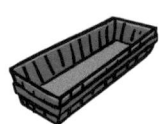

yemlik
корито

süt kovası
посуда за млеко

çuval
врећа

çit
ограда

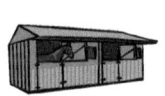

ahır
штала

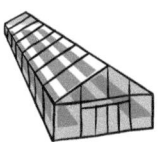

sera
стакленик

toprak
земља

tohum
семе

gübre
ђубриво

biçerdöver
комбајн

hasat etmek

жети

harman

жетва

tatlı patates

јамс зачин

buğday

пшеница

soya

соја

patates

крумпир

mısır

кукуруз

kolza

уљана репица

meyve ağacı

воћка

manyok

гомољ манионе

hububat

житарице

baca
димњак

çatı
кров

yağmur oluğu
жлеб

pencere
прозор

garaj
гаража

kapı zili
звоно

kapı
врата

çöp kutusu
корпа за отпад

posta kutusu
поштанско сандуче

bahçe
врт

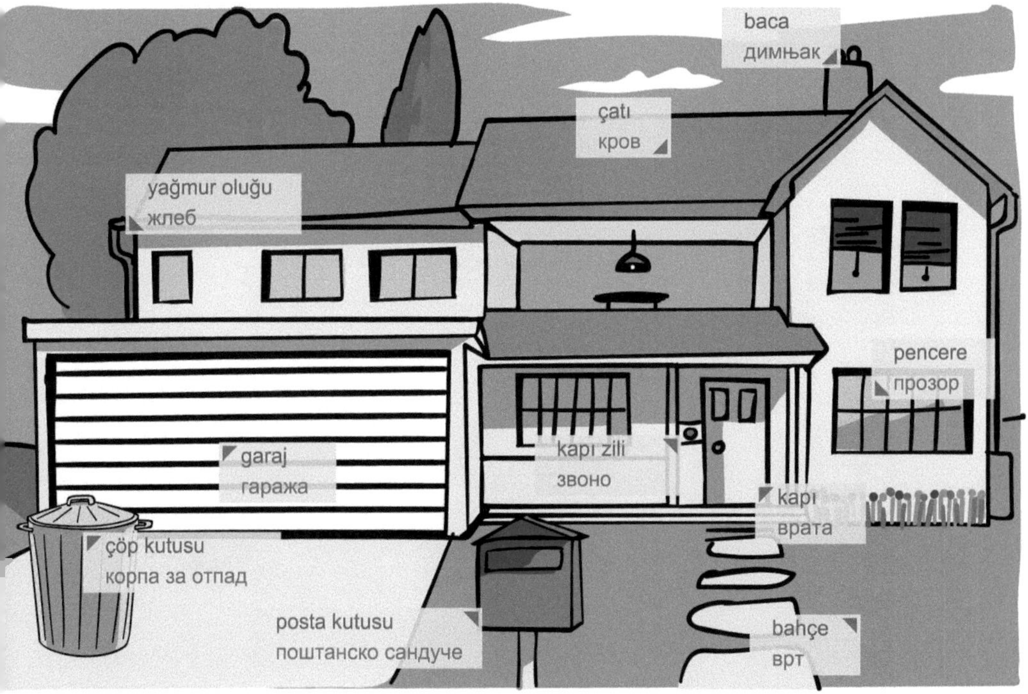

oturma odası
дневна соба

banyo
купаоница

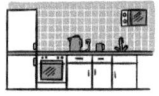

mutfak
кухиња

yatak odası
спаваћа соба

çocuk odası
дечија соба

yemek odası
трпезарија

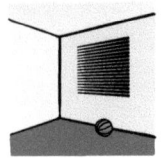

zemin

под

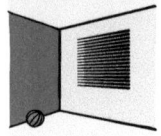

duvar

зид

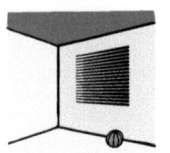

tavan

строп

kiler

подрум

sauna

сауна

balkon

балкон

teras

тераса

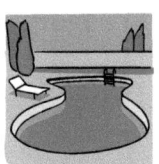

havuz

базен

çim biçme makinesi

косилица за траву

çarşaf

постељина за кревет

yatak örtüsü

дека за кревет

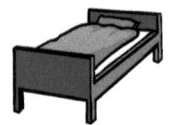

yatak

кревет

süpürge

метла

kova

канта

anahtar

прекидач

oturma odası
дневна соба

duvar kağıdı
тапета
resim
слика
lamba
светиљка
raf
регал
dolap
ормар
televizyon
телевизија
şömine
камин
çiçek
цвет
minder
јастук
kanepe
кауч
vazo
ваза
uzaktan kumanda
даљински управљач

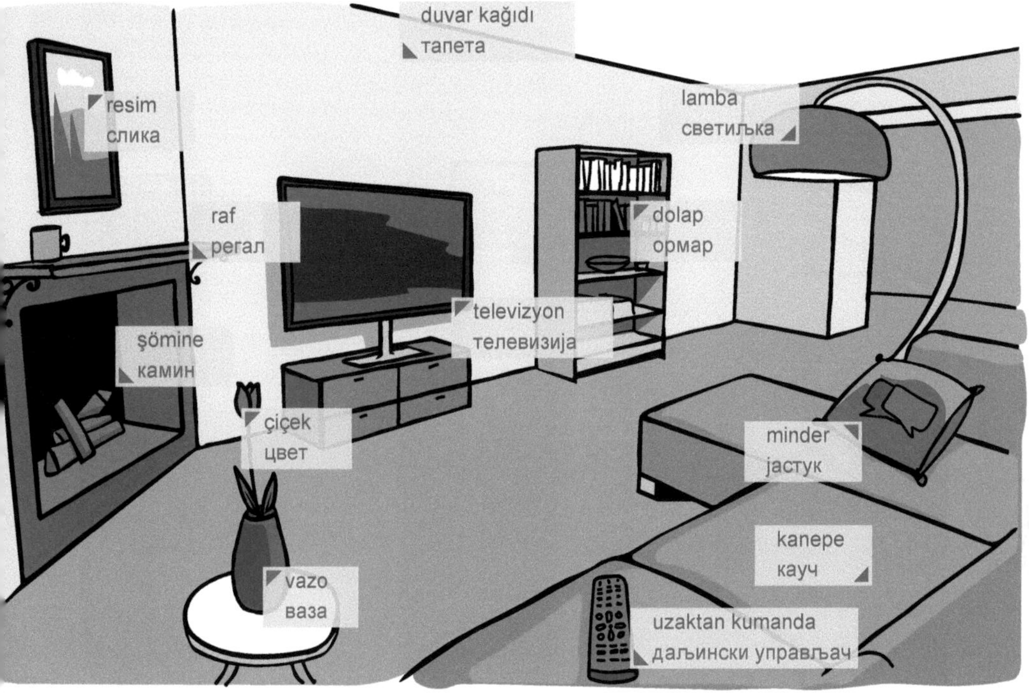

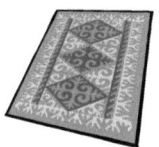

halı
тепих

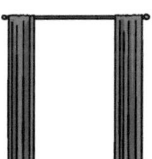

perde
завеса

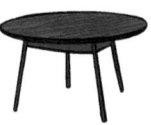

masa
сто

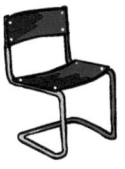

sandalye
столица

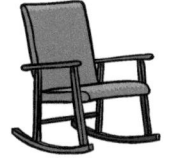

salıncaklı koltuk
столица за љихање

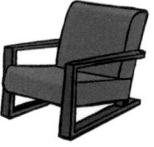

koltuk
фотеља

kitap

књига

battaniye

дека

dekor

декорација

odun

дрво за огрев

film

филм

hi-fi

хи-фи уређај

anahtar

кључ

gazete

новине

tablo

слика на платну

poster

постер

radyo

радио

defter

блок за писање

elektrikli süpürge

усисивач

kaktüs

кактус

mum

свећа

mutfak
кухиња

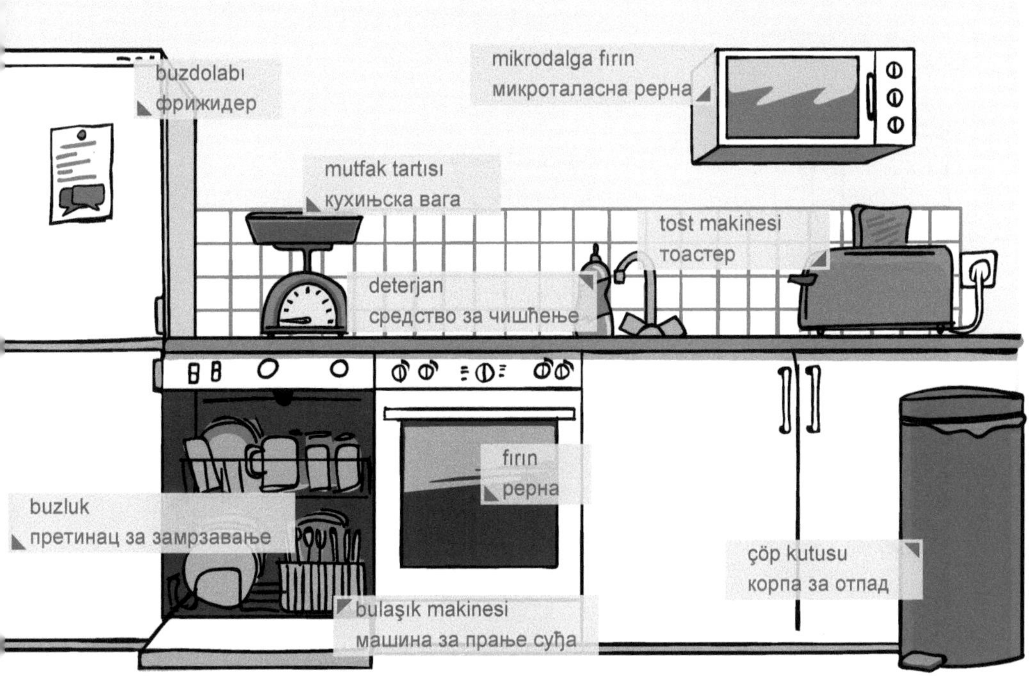

buzdolabı
фрижидер
mikrodalga fırın
микроталасна рерна
mutfak tartısı
кухињска вага
tost makinesi
тоастер
deterjan
средство за чишћење
fırın
рерна
buzluk
претинац за замрзавање
çöp kutusu
корпа за отпад
bulaşık makinesi
машина за прање суђа

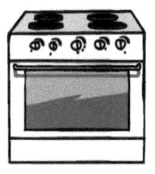

ocak

шпорет

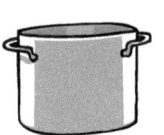

tencere

лонац

döküm tencere

гвоздени лонац

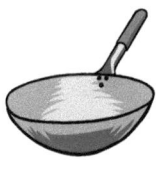

wok

вок / кадаи

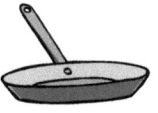

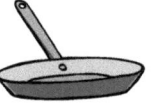

tava

тава

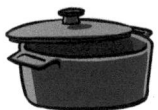

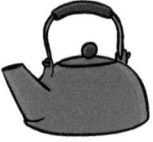

su ısıtıcı

кувало за воду

buharlı pişirici

кувало на пару

pişirme tepsisi

лим за печење

tabak takımı

посуђе

kupa

чаша

kase

посуда

çubuk (çin yemeği)

штапићи за јело

kepçe

кутлача

spatula

лопатица

çırpma teli

пењача

süzgeç

сито за кување

elek

сито

rende

рибеж

havan

мужар

barbekü

роштиљ

açık ateş

огњиште

kesme tahtası

даска

merdane

оклагија

tirbüşon

вадичеп

konserve kutusu

конзерва

konserve açacağı

отварач конзерви

fırın eldiveni

крпа за лонац

evye

судопер

fırça

четка

sünger

сунђер

blender

миксер

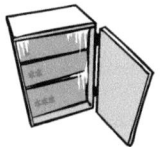

derin dondurucu

замрзивач

biberon

флашица за бебе

musluk

славина за воду

banyo
купаоница

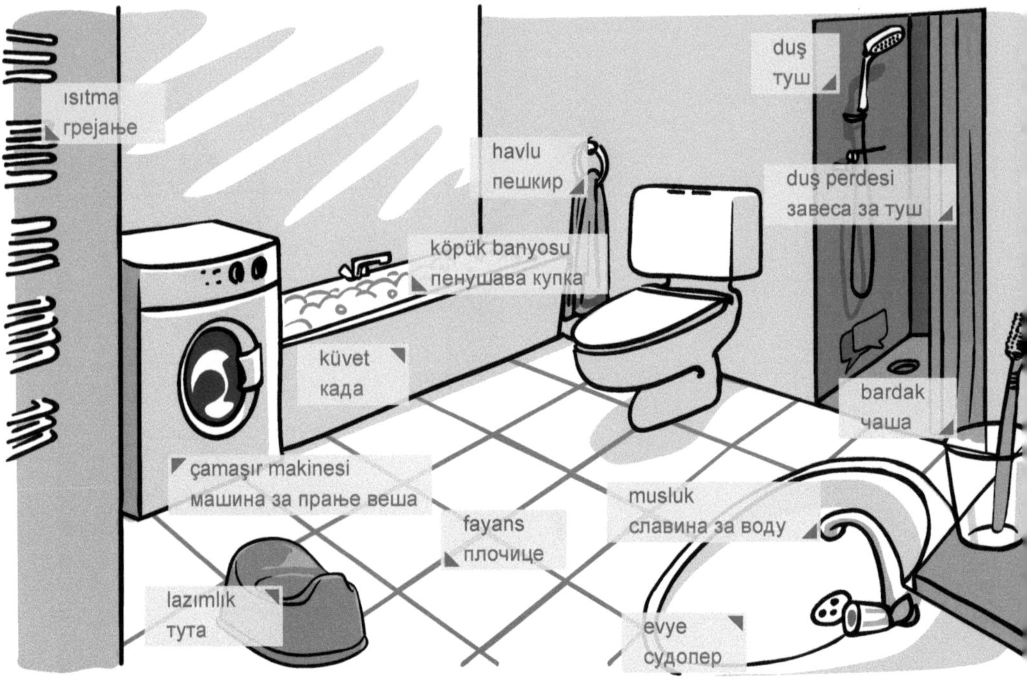

ısıtma
грејање
havlu
пешкир
duş
туш
duş perdesi
завеса за туш
köpük banyosu
пенушава купка
küvet
када
bardak
чаша
çamaşır makinesi
машина за прање веша
musluk
славина за воду
fayans
плочице
lazımlık
тута
evye
судопер

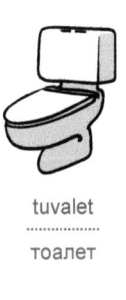

tuvalet
тоалет

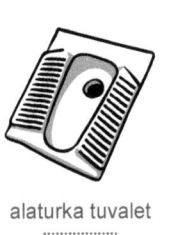

alaturka tuvalet
чучавац

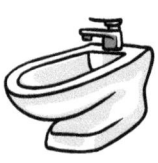

bide
бидет

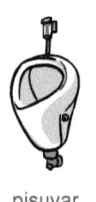

pisuvar
писоар

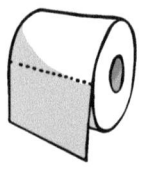

tuvalet kağıdı
тоалетни папир

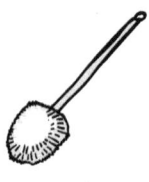

tuvalet fırçası
четка за тоалет

diş fırçası

четкица за зубе

diş macunu

паста за зубе

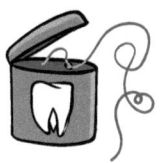

diş ipi

конац за зубе

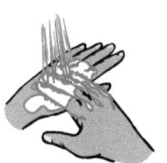

yıkamak

прати

duş başlığı

туш ручица

duş başlığı şeklinde taharet musluğu

туш за прање интимних делова

küvet

лавор

banyo fırçası

четка за прање леђа

sabun

сапун

duş jeli

гел за туширање

şampuan

шампон

banyo lifi

крпа за прање

gider

одвод

krem

крема

deodorant

дезодоранс

ayna
огледало

el aynası
козметичко огледало

jilet
бријач

tıraş köpüğü
пена за бријање

tıraş losyonu
лосион за после бријања

tarak
чешаљ

fırça
четка

saç kurutma makinesi
фен за косу

saç spreyi
спреј за косу

makyaj
шминка

ruj
руж за усне

tırnak cilası
лак за нокте

pamuk
вата

tırnak makası
маказе за нокте

parfüm
парфем

makyaj çantası

козметичка торбица

tabure

столица

tartı

вага

bornoz

огртач

lastik eldiven

рукавице за чишћење

tampon

тампон

kadın pedi

уложак

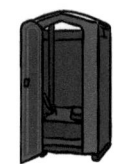

kimyevi tuvalet

хемијски тоалет

çocuk odası

дечија соба

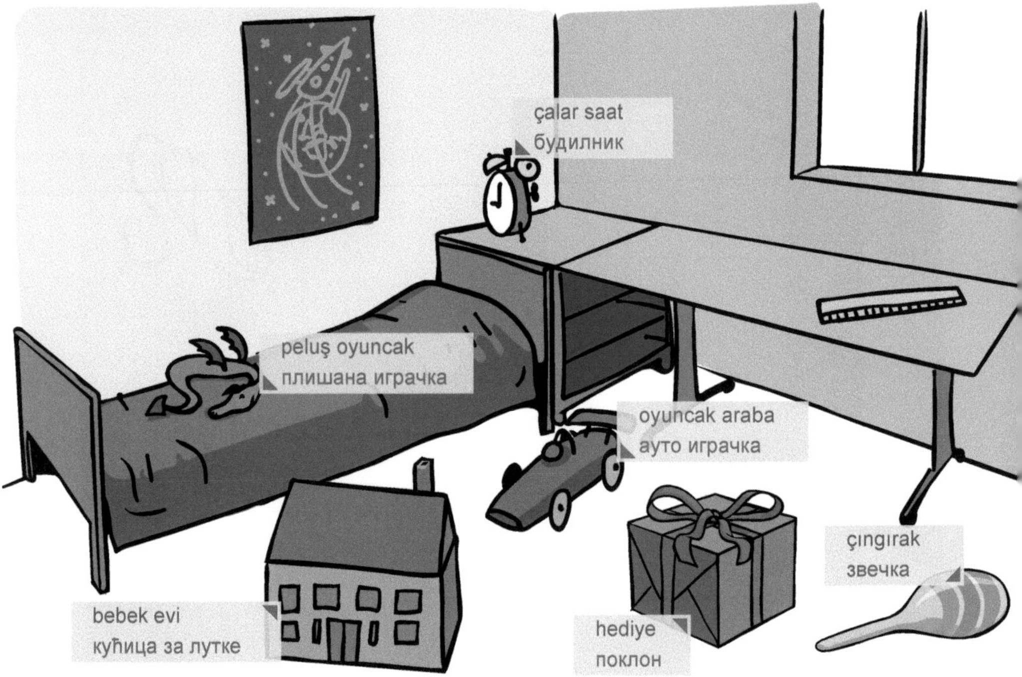

çalar saat
будилник
peluş oyuncak
плишана играчка
oyuncak araba
ауто играчка
çıngırak
звечка
bebek evi
кућица за лутке
hediye
поклон

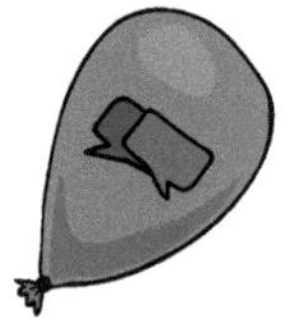

balon

балон

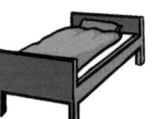

yatak

кревет

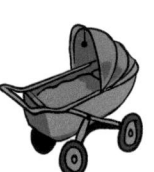

bebek arabası

дјечија колица

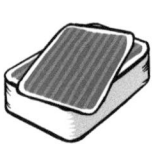

kart destesi

игра са картама

yapboz

слагалица

SUPER
MEGA

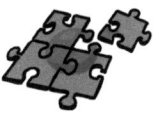

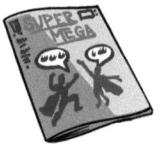

çizgi roman

стрип

lego tuğlaları

лего коцкице

lego blokları

коцкице за слагање

aksiyon figürü

акциони јунак

zıbın

бенкица за бебе

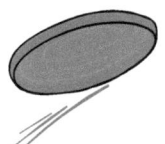

frizbi

фризби

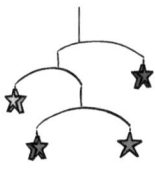

dönence

висеће играчке

masa oyunu

друштвене игре

zar

коцка

model tren seti

минијатурна жељезница

emzik

дуда

parti

забава

resimli kitap

сликовница

top

лопта

oyuncak bebek

лутка

oynamak

играти

kum havuzu

пешчаник

salıncak

љуљачка

oyuncaklar

играчка

video oyun konsolu

конзола за игре

üç tekerlekli bisiklet

трицикл

oyuncak ayı

теди

gardırop

ормар

kıyafet

одећа

çorap

кратке чарапе

külotlu çorap

чарапе

tayt

хулахопке

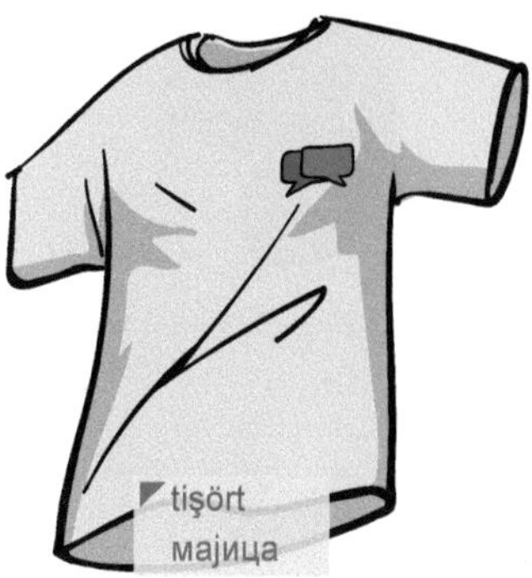

eşarp
şal

şemsiye
кишобран

tişört
мајица

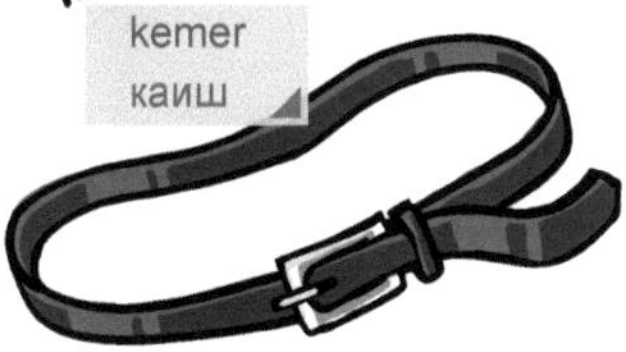

kemer
каиш

bot
чизме

terlik
папуче

spor ayakkabı
патике

sandalet
сандале

ayakkabı
ципеле

lastik çizme
гумене чизме

külot
гаћице

sütyen
грудњак

yelek
поткошуља

dar bluz

боди

pantolon

панталоне

kot pantolon

фармерке

etek

сукња

bluz

блуза

gömlek

кошуља

kazak

џемпер

süveter

џемпер с капуљачом

blazer

сако

ceket

јакна

mont

мантил

yağmurluk

кабаница

kostüm

костим

elbise

хаљина

gelinlik

венчаница

takım elbise
одело

gecelik
спаваћица

pijama
пиџама

sari
сари

baş örtüsü
марама за главу

türban
турбан

burka
бурка

kaftan
кафтан

çarşaf
абаја

mayo
купаћи костим

erkek mayosu
купаће гаћице

şort
кратке панталоне

eşofman
одећа за тренинг

önlük
кецеља

eldiven
рукавице

düğme
дугме

gözlük
наочаре

bilezik
наруквица

kolye
огрлица

yüzük
прстен

küpe
наушница

kep
капа

portmanto
вешалица

şapka
шешир

kravat
кравата

fermuar
патент затварач

kask
кацига

pantolon askısı
нараменице

okul forması
школска униформа

üniforma
униформа

mama önlüğü

подбрадак

emzik

дуда

bebek bezi

пелена

ofis
канцеларија

sunucu
сервер

dosya dolabı
ормар за списе

yazıcı
штампач

kağıt
папир

monitör
монитор

fare
миш

masa
писаћи сто

klasör
мапа

klavye
тастатура

kağıt çöp kutusu
кошара за папир

bilgisayar
компјутер

sandalye
столица

kahve fincanı

шалица за каву

hesap makinesi

калкулатор

internet

интернет

dizüstü

лаптоп

mektup

писмо

mesaj

порука

cep telefonu

мобилни телефон

ağ

мрежа

fotokopi makinesi

уређај за копирање

yazılım

софтвер

telefon

телефон

priz

утичница

faks makinesi

факс

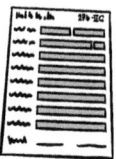

form

формулар

belge

документ

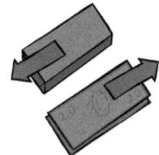

satın almak

куповати

ödemek

платити

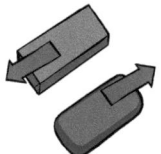

ticaret yapmak

трговати

para

новац

dolar

долар

avro

евро

yen

јен

ruble

рубља

İsviçre frangı

швајцарски франак

Çin yuanı

ренминдби јуан

rupi

рупија

kasa

аутомат за новац

döviz bürosu

мењачница

altın

злато

gümüş

сребро

petrol

нафта

enerji

енергија

fiyat

цена

kontrat

уговор

vergi

порез

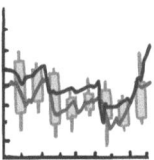

menkul değer

деонице

çalışmak

радити

işveren

службеник

işçi

послодавац

fabrika

фабрика

mağaza

продавница

meslekler

занимања

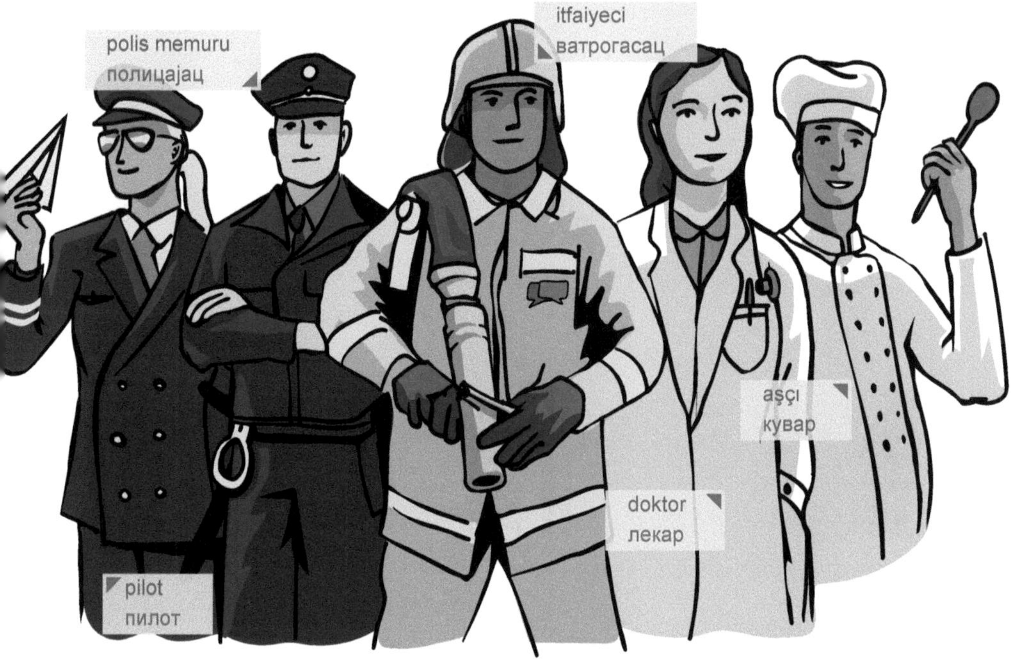

polis memuru
полицајац
itfaiyeci
ватрогасац
aşçı
кувар
doktor
лекар
pilot
пилот

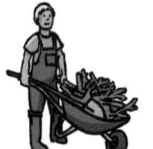

bahçıvan

вртлар

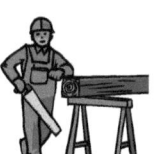

marangoz

столар

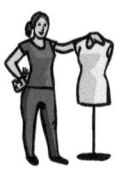

terzi

кројачица

hakim

судија

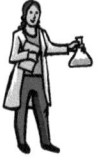

kimyager

хемичар

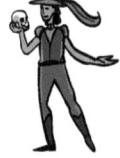

aktör

глумац

otobüs şoförü

возач аутобуса

taksi şoförü

возач таксија

balıkçı

рибар

temizlikçi

чистачица

çatı ustası

кровопокривач

garson

конобар

avcı

ловац

boyacı

сликар

fırıncı

пекар

elektrikçi

електричар

inşaatçı

грађевински радник

mühendis

инжењер

kasap

месар

muslukçu

лимар

postacı

поштар

asker

војник

mimar

архитекта

kasiyer

благајник

çiçekçi

цвећар

kuaför

фризер

kondüktör

кондуктер

tamirci

механичар

kaptan

капетан

dişçi

зубар

bilim insanı

научник

haham

раби

imam

имам

keşiş

монах

rahip

свећеник

aletler
алати

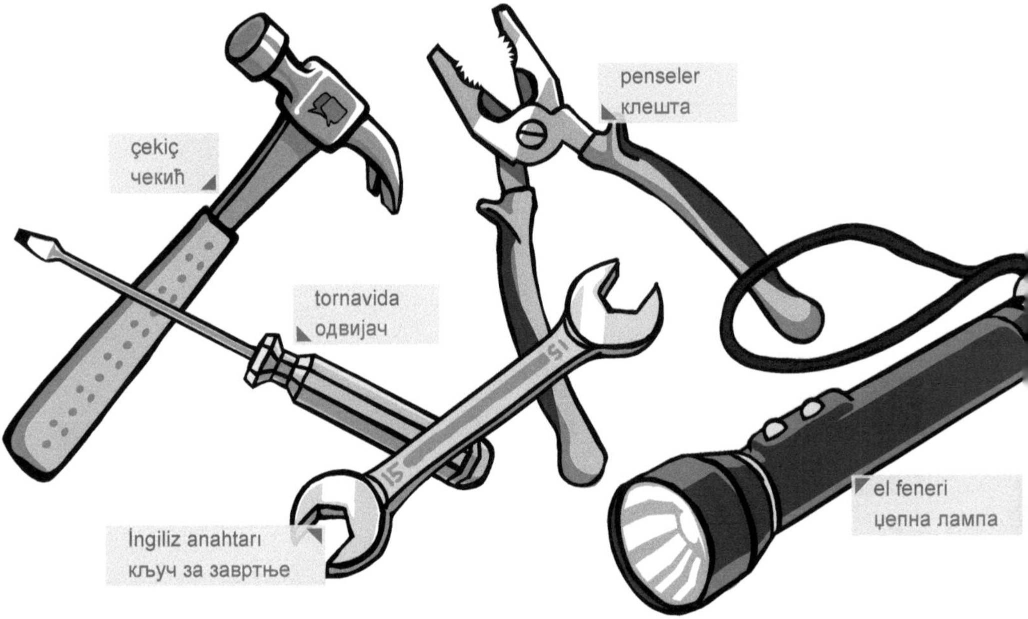
penseler
клешта
çekiç
чекић
tornavida
одвијач
el feneri
цепна лампа
İngiliz anahtarı
кључ за завртње

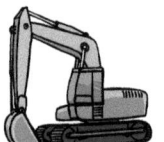

kazı makinesi
багер

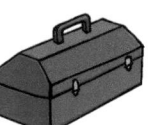

alet çantası
кутија за алат

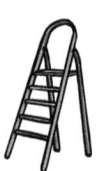

merdiven
мердевине

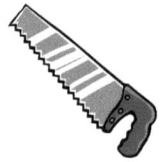

testere
пила

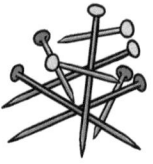

çiviler
ексер

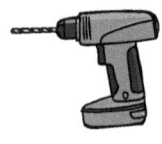

matkap
бушилица

tamir etmek

поправити

kürek

лопата

Kahretsin!

до ђавола!

faraş

лопатица

boya tenekesi

лонац за бoју

vidalar

завртањи

müzik enstrümanı
музички инструмент

bateri seti
бубњеви

hoparlör
звучник

gitar
гитара

kontrbas
контрабас

trompet
труба

piyano

клавир

keman

виолина

basgitar

бас

timpani

тимпани

bateri

удараљке за бубњеве

klavye

типке клавира

saksafon

саксофон

flüt

флаута

mikrofon

микрофон

hayvanat bahçesi

зоолошки врт

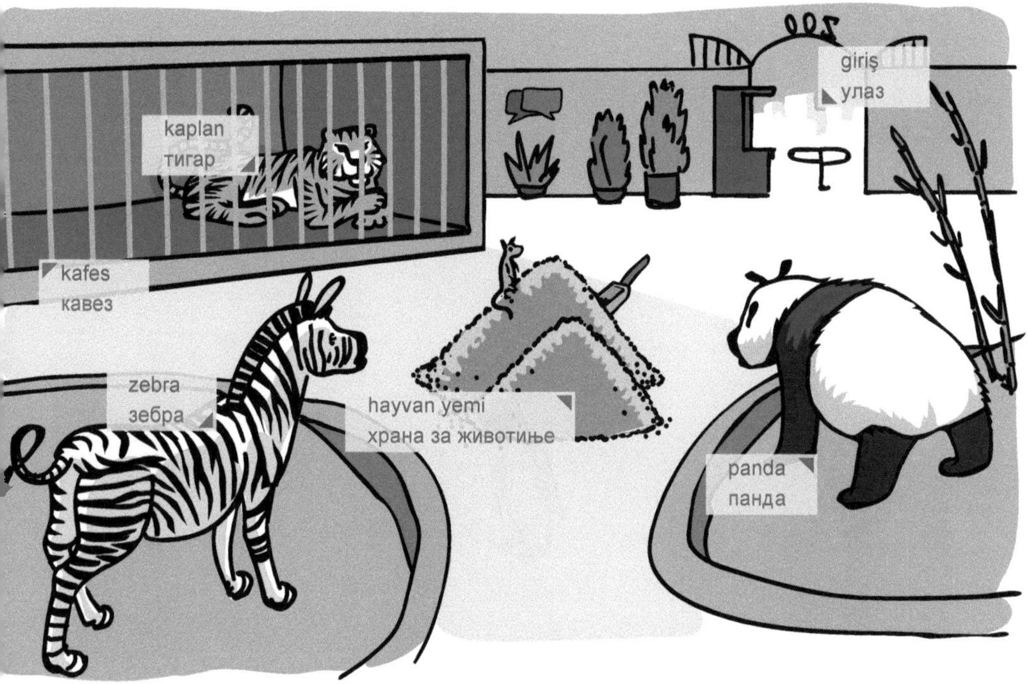
giriş
улаз
kaplan
тигар
kafes
кавез
zebra
зебра
hayvan yemi
храна за животиње
panda
панда

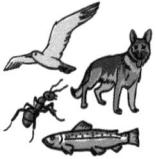

hayvanlar
животиње

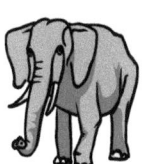

fil
слон

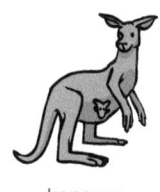

kanguru
кенгур

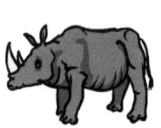

gergedan
носорог

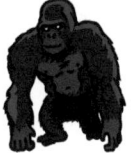

goril
горила

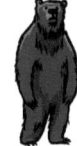

ayı
медвед

deve

камила

deve kuşu

нoj

aslan

лав

maymun

мајмун

flamingo

фламинго

papağan

папагај

kutup ayısı

поларни медвед

penguen

пингвин

köpek balığı

ајкула

tavus kuşu

паун

yılan

змија

timsah

крокодил

hayvanat bahçesi görevlisi

чувар у зоолошком врту

fok

туљан

jaguar

јагуар

midilli atı

пони

leopar

леопард

su aygırı

нилски коњ

zürafa

жирафа

kartal

орао

yaban domuzu

дивља свиња

balık

риба

kaplumbağa

корњача

mors

морж

tilki

лисица

ceylan

газела

amerikan futbolu
амерички ногомет

bisiklete binme
бициклизам

tenis
тенис

basketbol
кошарка

yüzme
пливање

boks
бокс

buz hokeyi
хокеј на леду

futbol
фудбал

badminton
бадминтон

atletizm
атлетика

hentbol
рукомет

kayak
скијање

polo
поло

etkinlikler

активности

atlamak
скочити
sarılmak
загрлити
gülmek
смејати се
yürümek
иђи
söylemek
певати
hayal etmek
сањати
dua etmek
молити се
öpmek
пољубити

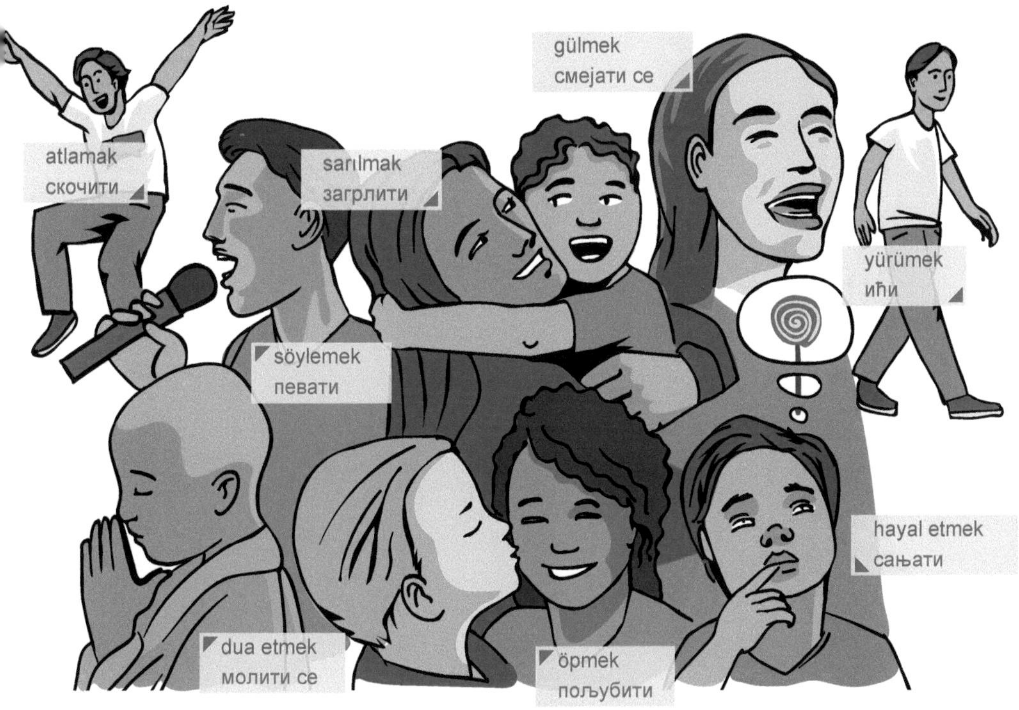

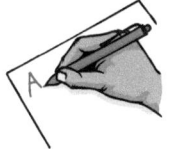

yazmak

писати

çizmek

цртати

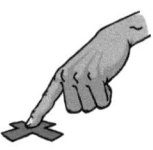

göstermek

показати

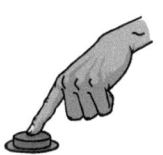

itmek

гурати

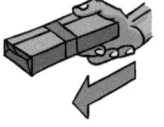

vermek

дати

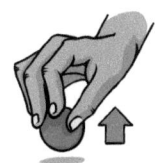

almak

узети

sahip olmak

имати

yapmak

чинити

olmak

бити

ayakta durmak

стојати

koşmak

трчати

çekmek

повлачити

atmak

бацити

düşmek

падати

yalan söylemek

лежати

beklemek

чекати

taşımak

носити

oturmak

седити

giyinmek

облачити

uyumak

спавати

uyanmak

пробудити се

bakmak

гледати

ağlamak

плакати

vurmak

миловати

taramak

чешљати

konuşmak

говорити

anlamak

разумети

sormak

питати

dinlemek

слушати

içmek

пити

yemek

јести

düzenlemek

поспремити

sevmek

волети

pişirmek

кухати

sürmek

возити

uçmak

летети

denize açılmak
пловити

hesapla
рачунати

okumak
читати

öğrenmek
учити

çalışmak
радити

evlenmek
венчати се

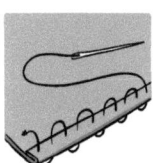

dikmek
шити

diş fırçalamak
прати зубе

öldürmek
убити

sigara içmek
пушити

yollamak
послати

büyükanne
бака

büyükbaba
деда

baba
отац

anne
мајка

bebek
беба

kız
кћерка

oğul
син

misafir

гост

teyze

тетка

amca

ујак, стриц

erkek kardeş

брат

kız kardeş

сестра

vücut
тело

alın
чело
göz
око
yüz
лице
çene
брада
göğüs
груди
parmak
прст
el
рука
kol
рука
omuz
раме
bacak
нога

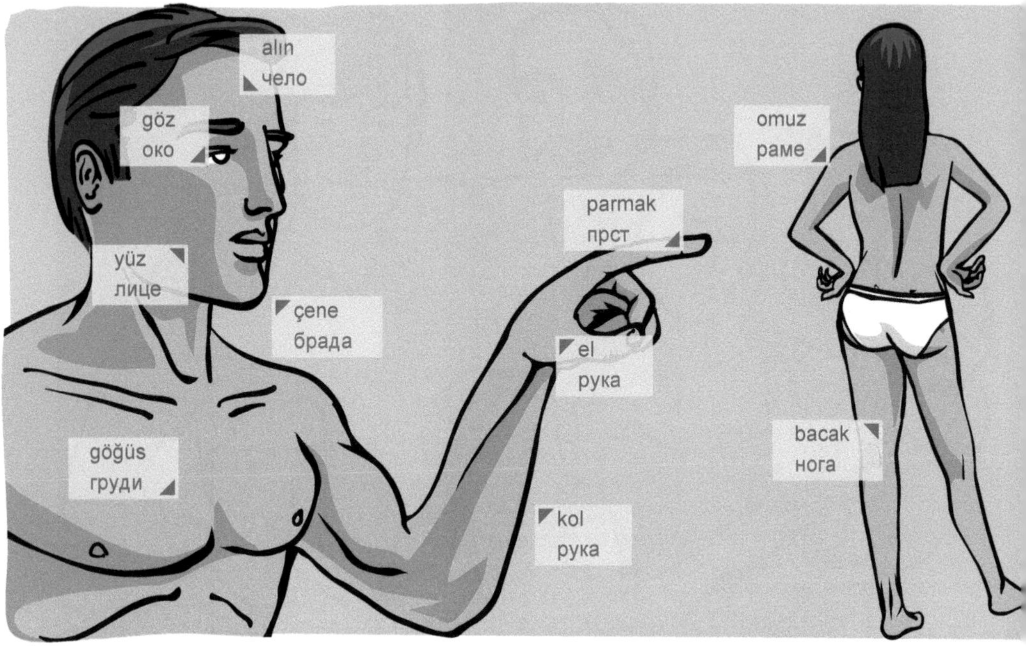

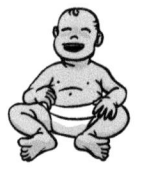

bebek

беба

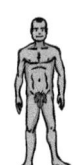

adam

мушкарац

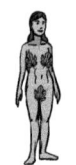

kadın

жена

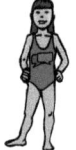

kız

девојчица

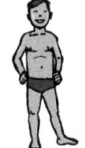

erkek çocuk

дечак

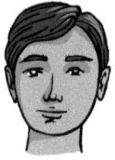

baş

глава

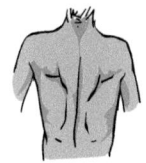

sırt

леђа

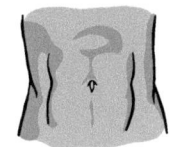

karın

стомак

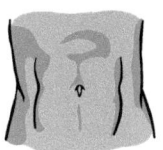

göbek

пупак

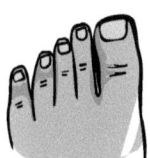

ayak parmağı

ножни прст

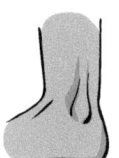

topuk

пета

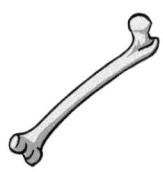

kemik

кост

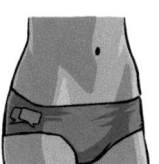

kalça

кукови

diz

колено

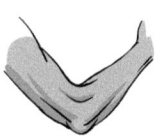

dirsek

лакат

burun

нос

kalça

задњица

deri

кожа

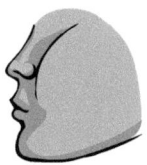

yanak

образ

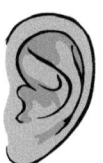

kulak

уво

dudak

усна

ağız
....
уста

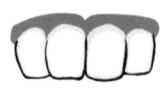

diş
....
зуб

dil
....
језик

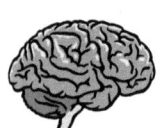

beyin
....
мозак

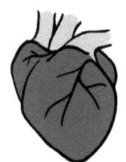

kalp
....
срце

kas
....
мишић

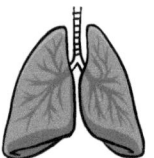

akciğer
....
плућа

karaciğer
....
јетра

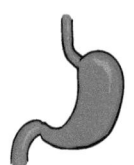

mide
....
желудац

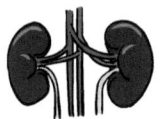

böbrekler
....
бубрези

seks
....
полни однос

prezervatif
....
кондом

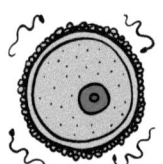

yumurtalık
....
јајна ћелија

sperm
....
сперма

hamilelik
....
трудноћа

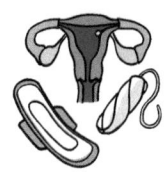

regl

менструација

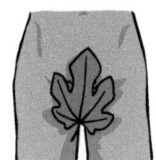

vajina

вагина

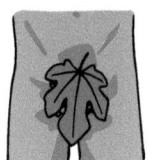

penis

пенис

kaş

обрва

saç

коса

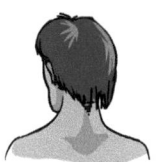

boyun

врат

hastane
болница

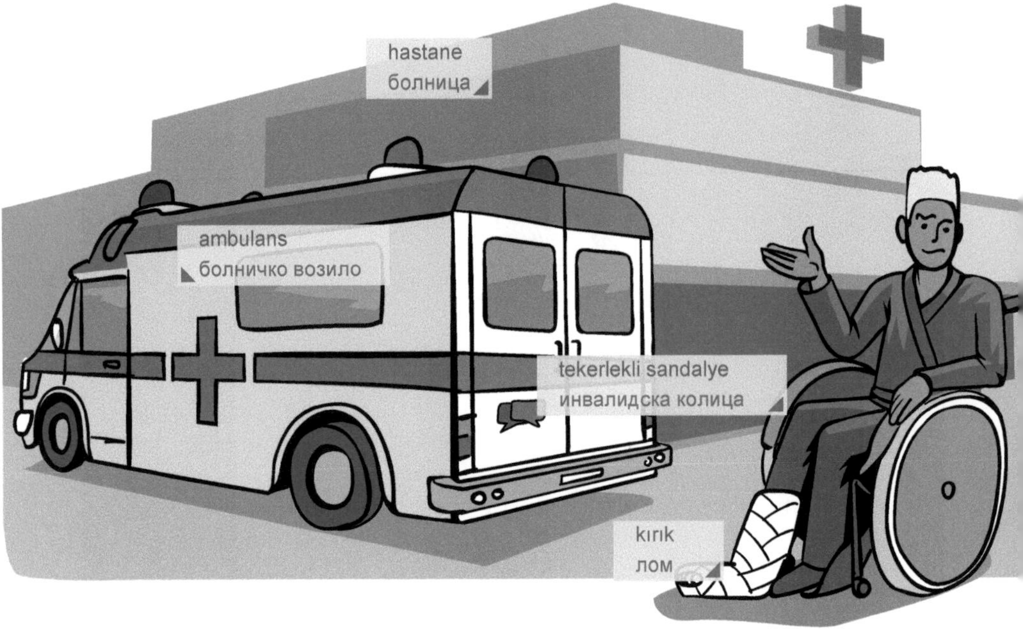

hastane
болница
ambulans
болничко возило
tekerlekli sandalye
инвалидска колица
kırık
лом

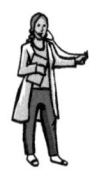

doktor

лекар

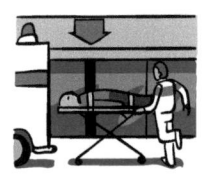

acil servis

хитна медицинска служба

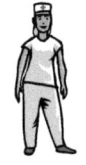

hemşire

медицинска сестра

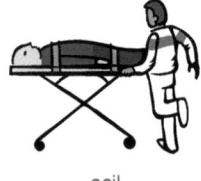

acil

хитни случај

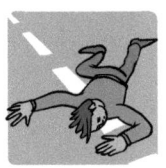

baygın

несвест

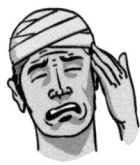

acı

бол

yaralanma

повреда

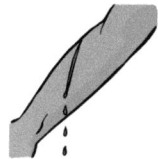

kanama

крварење

kalp krizi

срчани удар

felç

удар

alerji

алергија

öksürük

кашаљ

ateş

грозница

grip

грипа

ishal

пролив

baş ağrısı

главобоља

kanser

рак

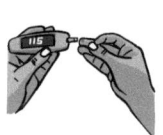

şeker hastalığı

дијабетес

cerrah

хирург

neşter

скалпел

operasyon

операција

bilgisayarlı tomografi

цт

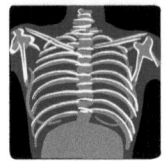

röntgen

рентген

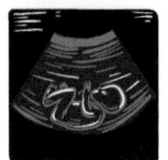

ultrason

ултразвук

yüz maskesi

маска

hastalık

болест

bekleme odası

чекаона

koltuk değneği

штака

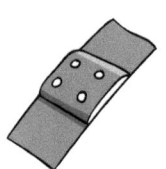

yara bandı

фластер

bandaj

завој

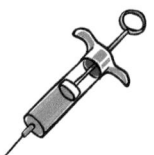

enjeksiyon

ињекција

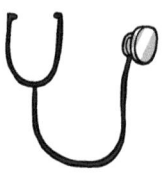

steteskop

стетоскоп

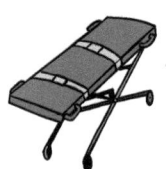

sedye

носила

tıbbi termometre

термометар

doğum

рођење

fazla kilo

прекомерна тежина

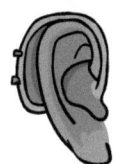

işitme cihazı

слушни апарат

dezenfektan

средство за дезинфекцију

enfeksiyon

инфекција

virüs

вирус

HIV / AIDS

хив / аидс

ilaç

медицина

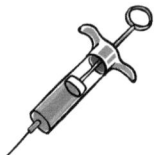

aşı

вакцинација

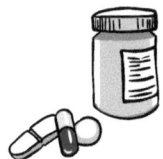

tablet

таблете

hap

пилула

acil çağrı

хитни позив

tansiyon aleti

уређај за мерење притиска

hasta / sağlıklı

болесно / здраво

İmdat!

помоћ!

alarm

аларм

darp

насртај

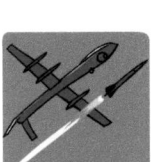

saldırı

напад

tehlike

опасност

acil çıkış

излаз у случају нужде

Yangın!

пожар!

yangın tüpü

противпожарни апарат

kaza

незгоца

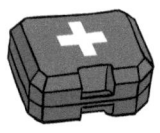

ilk yardım çantası

кутија прве помоћи

imdat

сос

polis

полиција

Avrupa

Европа

Kuzey Amerika

Северна Америка

Güney amerika

Јужна Америка

Afrika

Африка

Asya

Азија

Avustralya

Аустралија

Atlantik

Атлантик

Pasifik

Пацифик

Hint Okyanusu

Индијски океан

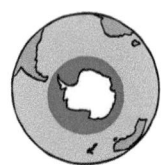

Antarktika Okyanusu

Антарктички океан

Arktik Okyanusu

Арктички океан

Kuzey Kutbu

Северни рол

Güney Kutbu

Јужни рол

Antarktika

Антарктик

dünya

земља

kara

земља

deniz

море

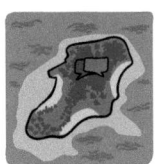

ada

оток

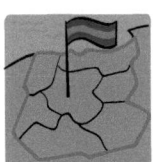

ulus

нација

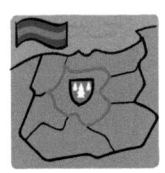

ülke

држава

kadran

бројчаник сата

akrep

сатна казаљка

yelkovan

минутна казаљка

saniye ibresi

секундна казаљка

Saat kaç?

Колико је сати?

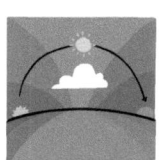

gün

дан

zaman

време

şimdi

сада

dijital saat

дигитални сат

dakika

минута

saat

час

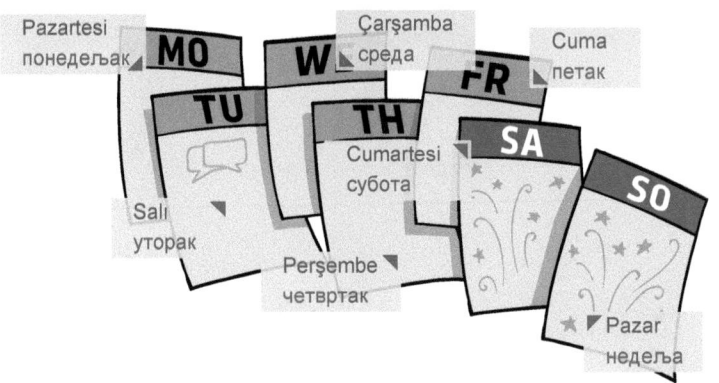

Pazartesi / понедељак — MO
Çarşamba / среда — W
Cuma / петак — FR
TU
TH
Cumartesi / субота — SA
SO
Salı / уторак
Perşembe / четвртак
Pazar / недеља

dün
....
јуче

bugün
....
данас

yarın
....
сутра

sabah
....
јутро

öğle
....
подне

akşam
....
вече

MO	TU	WE	TH	FR	SA	SU
1	2	3	4	5	6	7
8	9	10	11	12	13	14
15	16	17	18	19	20	21
22	23	24	25	26	27	28
29	30	31	1	2	3	4

iş günleri
....
радни дани

MO	TU	WE	TH	FR	SA	SU
1	2	3	4	5	6	7
8	9	10	11	12	13	14
15	16	17	18	19	20	21
22	23	24	25	26	27	28
29	30	31	1	2	3	4

hafta sonu
....
викенд

yıl

година

yağmur
киша
gökkuşağı
дуга
rüzgar
ветар
kara
снег
bahar
пролеће
sonbahar
јесен
yaz
лето
kış
зима

4.APRIL 11°
5.APRIL 4°
6.APRIL 13°
7.APRIL 8°
8.APRIL 10°

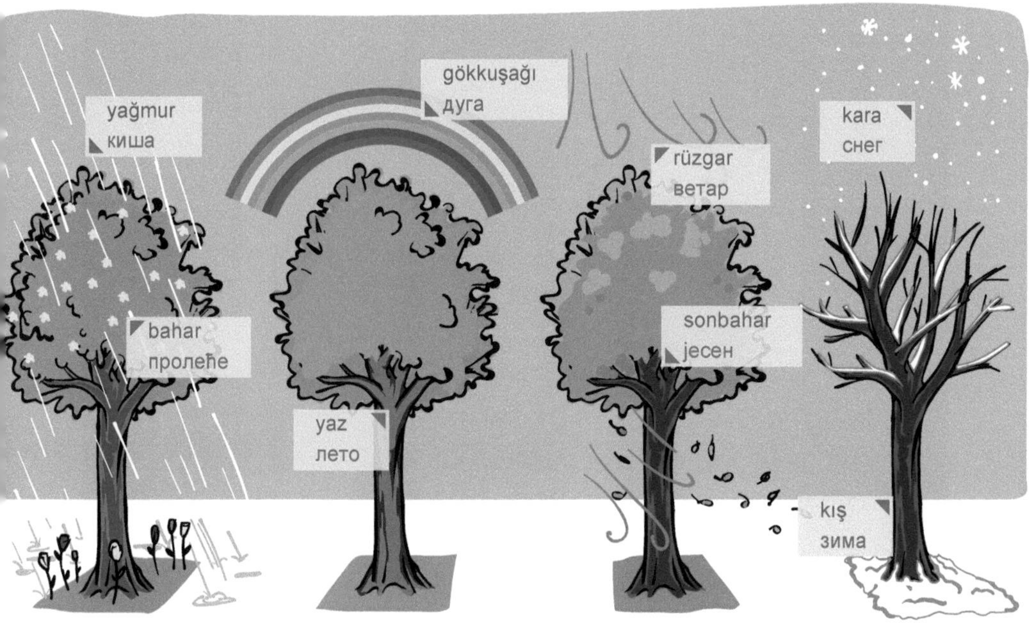

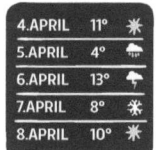

hava durumu tahmini

метеоролошка прогноза

F
C
120
90
60
30
0
-30
40
30
20
10
0
-10
-20

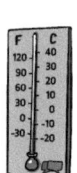

termometre

термометар

güneş ışığı

сунчана светлост

bulut

облак

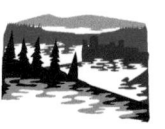

sis

магла

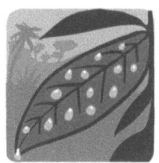

nem

влажност ваздуха

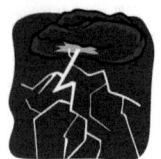

şimşek

муња

gök gürültüsü

грмљавина

fırtına

олуја

dolu

туча

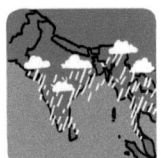

muson

монсун

sel

поплава

buz

лед

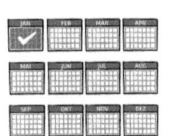

Ocak

јануар

Şubat

фебруар

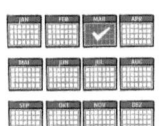

Mart

март

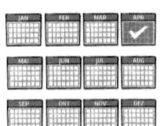

Nisan

април

Mayıs

мај

Haziran

јуни

Temmuz

јули

Ağustos

август

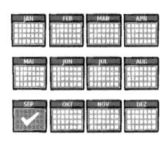

Eylül
....
септембар

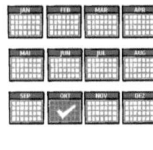

Ekim
....
октобар

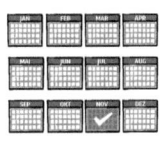

Kasım
....
новембар

Aralık
....
децембар

şekiller
облици

daire
....
круг

kare
....
квадрат

dikdörtgen
....
правоугао

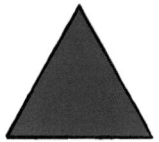

üçgen
....
троугао

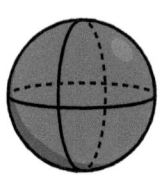

küre
....
кугла

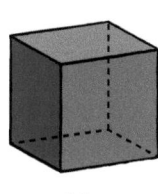

küp
....
коцка

beyaz

бела

sarı

жута

turuncu

наранџаста

pembe

ружичаста

kırmızı

црвена

mor

љубичаста

mavi

плава

yeşil

зелена

kahverengi

смеђа

gri

сива

siyah

црна

çok / az

много / мало

kızgın / sakin

љутито / мирно

güzel / çirkin

лепо / ружно

başlangıç / son

почетак / крај

büyük / küçük

велико / малено

parlak / karanlık

светло / тамно

erkek kardeş / kız kardeş

брат / сестра

temiz / kirli

чисто / прљаво

tamam / eksik

потпуно / непотпуно

gün / gece

дан / ноћ

ölü / canlı

мртво / живо

geniş / dar

широко / уско

yenilebilir / yenilemez

јестиво / нејестиво

kötü / iyi

зло / добро

heyecanlı / sıkılmış

узбуђено / досадно

şişman / zayıf

дебело / мршаво

ilk / son

на почетку / на крају

dost / düşman

пријатељ / непријатељ

dolu / boş

пуно / празно

sert / yumuşak

тврдо / мекано

ağır / hafif

тешко / лагано

açlık / susuzluk

глад / жеђ

hasta / sağlıklı

болесно / здраво

yasa dışı / yasal

илегално / легално

zeki / aptal

паметно / глупо

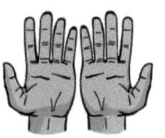

sol / sağ

лево / десно

yakın / uzak

близу / далеко

yeni / kullanılmış

ново / половно

hiçbir şey / bir şey

ништа / нешто

yaşlı / genç

старо / младо

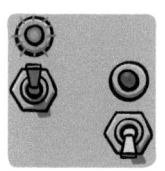

açma / kapama

укључено / искључено

açık / kapalı

отворено / затворено

sessiz / gürültülü

тихо / гласно

zengin / fakir

богато / сиромашно

doğru / yanlış

тачно / погрешно

pürüzlü / düz

храпаво / глатко

üzgün / mutlu

тужно / сретно

kısa / uzun

кратко / дуго

yavaş / hızlı

полако / брзо

ıslak / kuru

мокро / сухо

sıcak / serin

топло / хладно

savaş / barış

рат / мир

0

sıfır

нула

1

bir

један

2

iki

два

3

üç

три

4

dört

четири

5

beş

пет

6

altı

шест

7

yedi

седам

8

sekiz

осам

9

dokuz

девет

10

on

десет

11

on bir

једанаест

12

on iki

дванаест

13

on üç

тринаест

14

on dört

четрнаест

15

on beş

петнаест

16

on altı

шестнаест

17

on yedi

седамнаест

18

on sekiz

осамнаест

19

on dokuz

деветнаест

20

yirmi

двадесет

100

yüz

стотину

1.000

bin

хиљаду

1.000.000

milyon

милион

İngilizce

енглески

Amerikan İngilizcesi

амерички енглески

Çince (Mandarin)

мандарински кинески

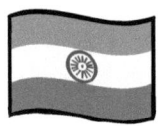

Hintçe

хиндски

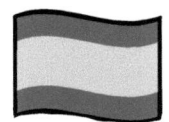

İspanyolca

шпански

Fransızca

француски

Arapça

арапски

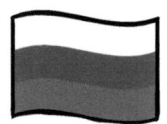

Rusça

руски

Portekizce

португалски

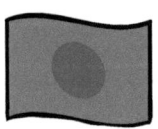

Bengalce

бенгалски

Almanca

немачки

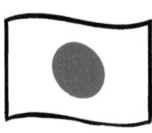

Japonca

јапански

ben
ja

sen
ти

o
он / она / оно

biz
ми

siz
ви

onlar
они

kim?
Ко?

ne?
Шта?

nasıl?
Како?

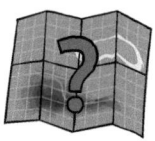

nerede?
Где?

ne zaman?
Када?

isim
име

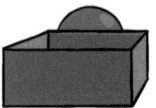

arkasında

иза

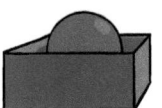

içinde

у

önünde

испред

üzerinde

преко

üstünde

на

altında

испод

yanında

поред

arasında

између

yer

место